W0316232

Aufgabe 1

Aufsatz

1 Schreibe eine Erzählung zur unten abgebildeten Bildergeschichte.
Denke dir auch eine passende Überschrift aus.
Verwende die Ich-Form, so als ob du diese Geschichte selbst erlebt hättest.

Sprachbetrachtung

2 Kommissar Spürnase kauerte regungslos in seinem bequemen Ohrensessel. Am Nachmittag hielt er sonst stets ein Nickerchen. Aber dazu war keine Zeit, denn er hatte seinen Leuten versprochen, dass er den Fall noch heute lösen würde. Plötzlich kam ihm eine Idee!

a Bestimme die unterstrichenen Satzglieder.

kauerte ______

in seinem bequemen Ohrensessel ______

am Nachmittag ______

ein Nickerchen ______

seinen Leuten ______

den Fall ______

eine Idee ______

b Ersetze die angegebenen Wörter durch andere Wörter derselben Wortart, die in dem oben angegebenen Text etwa den gleichen Sinn ergeben. Achte auf die passende Form!

kauerte ______

bequemen ______

stets ______

ein Nickerchen ______

eine Idee ______

c Bilde zu folgenden Wörtern die Mehrzahl (Plural).

der Ohrensessel ______

der Nachmittag ______

das Nickerchen ______

der Fall ______

die Idee ______

3 „(1) Ich <u>weiß</u>, wer <u>der</u> <u>Täter</u> ist! (2) Er hat einen <u>eindeutigen</u> <u>Fehler</u> begangen. (3) Das hat <u>ihn</u> <u>verdächtig</u> gemacht."

a Bestimme die Wortarten der unterstrichenen Wörter.

weiß ____________________

der ____________________

Täter ____________________

eindeutigen ____________________

Fehler ____________________

ihn ____________________

verdächtig ____________________

b Setze Satz (1) in die 1. Vergangenheit (Präteritum).
Achte darauf, dass es in diesem Satz zwei Tunwörter (Verben) gibt!

____

____

Setze Satz (2) in die Gegenwart (Präsens).

____

____

Setze Satz (3) in die Zukunft (Futur).

____

____

4 „Vor lauter <u>Freude</u> über seinen <u>feigen</u> Raub war der Dieb zu <u>geschwätzig</u>. Er hat <u>vergessen</u>, dass <u>jemand</u>, der zu leichtsinnig ist, <u>schnell</u> einen Fehler macht." Kommissar Spürnase freute sich heimlich darüber, dass er den Fall glücklich gelöst hatte.

a Suche zu jedem unterstrichenen Wort eines, das das Gegenteil bedeutet.

Freude ____________________

feige ____________________

geschwätzig ____________________

vergessen ____________________

jemand ____________________

schnell ____________________

b Setze jeweils die fehlenden Wörter aus der gleichen Wortfamilie ein.

Tunwort (Verb)	Wiewort (Adjektiv)	Namenwort (Nomen)
erschrecken	schrecklich	der Schrecken
freuen		
	heimlich	
	glücklich	

Leseverstehen

Vom „Tulpenfieber“ zum Börsenkrach

Börse stammt vom lateinischen „bursa“, was Ledersack (Geldbörse) bedeutet.
Die Bezeichnung soll auch auf die belgische Kaufmannsfamilie „van der Burse“ zurückgehen. Sie wohnte in Brügge am Platz „ter buerse“, wo sich im 15. Jahrhundert Händler trafen, um Geschäfte zu machen.

Für die Kaufleute war es zu mühsam, ihre Waren mitzubringen. Deswegen tauschten sie untereinander Wechsel aus. Das sind Papiere, auf denen steht, dass für eine bestimmte Summe eine bestimmte Ware gekauft wurde – Wertpapiere also. Inzwischen gehen Menschen, um mit Aktien zu handeln, nicht mehr auf Marktplätze, sondern zur Börse. Dort wird der Aktienhandel per Computer gesteuert.

Im 17. Jahrhundert waren Tulpen in Holland sehr begehrt. Die Blumen kamen aus Zentral-Asien und waren sehr selten. Die Nachfrage nach den exotischen Pflanzen war aber größer als das Angebot und so stiegen die Preise für diese Zwiebeln ins Unermessliche. Viele Händler machten an den Börsen Gewinn, indem sie Tulpen-Wechsel kauften und für mehr Geld wieder verkauften. Doch irgendwann stiegen die Preise nicht mehr – im Gegenteil: Sie drohten zu fallen. Die Nachricht sprach sich herum und auf einen Schlag wollten alle ihre Wechsel wieder loswerden. Die Preise stürzten in den Keller und die Menschen verloren das Geld, das sie bezahlt hatten. Zu viele wollten plötzlich verkaufen und der Wert der Tulpenzwiebel-Wechsel sank.

Die sogenannte holländische „Tulpenmanie“ von 1637 war der erste Börsenkrach der Geschichte. Solche Preis-Zusammenbrüche an Börsen gab es danach immer wieder: in New York im Jahr 1929, aber auch in Deutschland am 13. Mai 1927. Weil dieser Börsenkrach wie manch andere an einem Freitag war, wird häufig von einem „Schwarzen Freitag“ gesprochen, wenn die Preise an der Börse fallen.

aus: www.kindernetz.de/infonetz/gewusst/boerse/-/id=16024/nid=16024/did=90128/1858jfl/index.html, Autorin: Cornelia Stenull, abgerufen am 11. 3. 2009

5 Kreuze an, ob die Aussagen richtig, falsch oder im Text nicht enthalten sind.

	richtig	falsch	nicht enthalten
Im 17. Jahrhundert waren Tulpen in Holland sehr begehrt.	☐	☐	☐
Doch irgendwann fielen die Preise nicht mehr – im Gegenteil: Sie drohten zu steigen.	☐	☐	☐
In Frankreich wird der Handel auch heute noch gesteuert.	☐	☐	☐
Die belgische Kaufmannsfamilie wohnte in Brügge.	☐	☐	☐

6 Die unterstrichenen Wörter ersetzen Namenwörter (Nomen), die im Text vorkommen. Schreibe die Namenwörter in die jeweilige Zeile.

Sie stürzten in den Keller. ______________________

Dort wird er per Computer gesteuert. ______________________

Sie gab es an Börsen immer wieder. ______________________

7 Ordne die Aussagen den einzelnen Absätzen zu, indem du die Nummer einträgst.

☐ Es werden mehrere Jahresdaten genannt.

☐ Die Entwicklung und der Einbruch der Börse werden beschrieben.

☐ Wie Kaufleute mit Aktien umgehen

☐ Der Begriff „Börse“ wird erläutert.

8 Beantworte in je einem Satz die Fragen.

Wie machten Händler an den Börsen Gewinn?

____

Warum spricht man bei einem Börsenkrach von einem „Schwarzen Freitag“?

____

Wann sind Aktien sehr teuer?

____

Wie vermieden es Kaufleute, ihre Waren mitbringen zu müssen?

____

Diktat

9 Höre dir Diktat 1 „Ein Missverständnis“ auf CD an und schreibe es auf ein extra Blatt.

Aufgabe 2

Aufsatz

1 Verfolgungsjagd

Erzähle die Erlebniserzählung nach der vorgegebenen Einleitung weiter.
Benutze die verwendete Zeitstufe und Erzählform.

Heute ist ein ganz besonderer Tag.

Anna hat Geburtstag. Als sie morgens die Augen öffnet, ist sie schon ganz aufgeregt. Welche Geschenke wird sie wohl bekommen? Alles, was sie sich gewünscht hat, oder etwas anderes? Schnell zieht sie sich an. Da ruft Mutter schon zum Frühstück. Vor Aufregung bekommt sie fast nichts hinunter, aber trotzdem zwingt sie sich etwas zu essen. Nach dem Frühstück schenkt ihr ihre Mutter ein großes Paket. „Was wird da wohl drinnen sein?“, denkt sich Anna. Sie knotet die Schleife auf und reißt dann vor lauter Ungeduld das Geschenkpapier ab. Oh Schreck, es ist ja nur altes Papier im Karton! Mit den Händen wühlt sich Anna durch das Papier. Auf einmal spüren ihre Finger etwas Weiches. Sie nimmt es vorsichtig heraus. Ihre Augen strahlen vor Freude, denn sie hat endlich das lang ersehnte Schmetterlingsnetz bekommen! „Mama, darf ich das Netz gleich im Garten ausprobieren?“, stottert Anna vor Aufregung.

Sprachbetrachtung

2 Der Löwe und die Mäuse

EIN LÖWE SCHLIEF IN SEINER HÖHLE. UM IHN HERUM SPIELTE EINE LUSTIGE MÄUSESCHAR. EINE JUNGE MAUS KROCH ÜBERMÜTIG AUF EINEN SPITZEN FELSZACKEN. PLÖTZLICH FIEL SIE HINAB AUF DEN KOPF DES WILDEN TIERES.

a Schreibe die Namenwörter (Nomen) mit ihrem bestimmten Begleiter (Artikel) heraus und bilde von jedem die Mehrzahl (Plural).

____

____

____

____

____

b Schreibe die Tunwörter (Verben) in der Grundform (Infinitiv) heraus.

____

____

c Bilde durch Zusammensetzung neue Wörter.

Bilde drei zusammengesetzte Namenwörter (Nomen) mit „Löwe“.

____

Bilde drei Tunwörter (Verben) mit Vorsilbe von „spielen“.

____

d Schreibe die Wiewörter (Adjektive) heraus und bilde die 1. Vergleichsstufe (Komparativ).

____

3 (1) Der Löwe packte das Tierchen mit seiner gewaltigen Pranke.
(2) Schnell entschuldigte sich die Maus voller Angst.
(3) Da schenkte ihr der großmütige Löwe das Leben.
(4) Sie versprach ihm dankbar Hilfe.

a Bestimme den Satzgegenstand (Subjekt).

Satz 1: ____

Satz 2: ____

Satz 3: ____

Satz 4: ____

b Bestimme die Satzaussage (Prädikat).

Satz 1: ____

Satz 2: ____

Satz 3: ____

Satz 4: ____

c Schreibe aus den Sätzen (3) und (4) die Satzergänzung im 3. Fall (Dativobjekt) heraus.

Satz 3: ____

Satz 4: ____

d Schreibe aus den Sätzen (3) und (4) die Satzergänzung im 4. Fall (Akkusativobjekt) heraus.

Satz 3: ____

Satz 4: ____

4 Schreibe den nachfolgenden Text über die hilfsbereite Maus in der Vergangenheitsform wie in Aufgabe 2 weiter.

Etwas später (benötigen) ____________________ der Löwe wirklich die Hilfe der Maus.

Er (haben) ______________ sich in einem Netz verfangen.

Da (kommen) ____________ die dankbare Maus und (zernagen) ________________

die Stricke, die ihn (fesseln) ________________. So (werden) ________________ er

durch die Hilfe der Maus wieder frei.

5 Der Löwe bekam unerwartete Hilfe.

Finde vier Mitglieder der Wortfamilie „helfen/Hilfe“.

6 Nun haben wir es mit weiteren Tieren zu tun.

Ordne folgende Wörter in zwei Gruppen und schreibe die entsprechenden Sammelnamen (Oberbegriffe) dazu. Finde zu jedem Oberbegriff noch zwei eigene Wörter.

Löwe – Kuh – Gorilla – Bär – Pudel – Henne – Katze – Zebra

Sammelname	Sammelname

Leseverstehen

Das Wetter ist wechselhaft

Wenn wir über das Wetter reden, dann meinen wir Erscheinungen wie Sonnenschein, Bewölkung, Regen, Wind, Hitze und Kälte zu einem bestimmten Zeitpunkt und an einem bestimmten Ort auf dieser Welt. Das Wetter verändert sich ständig.
Von Ort zu Ort, von Tag zu Tag, manchmal auch von einer Minute auf die andere.
Während es hier regnet, scheint 100 km weiter die Sonne.
In der Sahara fällt jedoch nie Schnee und am Südpol gibt es keinen Tag im Jahr, der so warm ist, dass man in kurzen Hosen und T-Shirt herumlaufen kann.

Die verschiedenen Regionen dieser Welt haben im Verlauf eines Jahres unverkennbare Witterungen, z. B. mildes, raues, trockenes oder feuchtes Wetter.
Dieses fast gleichbleibende Wetter im Laufe vieler Jahrzehnte wird als das Klima einer Region bezeichnet.

Den größten Anteil an Wetterveränderungen hat die Sonne. Sie erwärmt verschiedene Teile der Atmosphäre, während sich die Erde um ihre eigene Achse dreht.

Warme Luftmassen steigen von der Erde auf und verdrängen kühlere Luftschichten.
Die Luftbewegung, die daraus entsteht, nennt man Wind.

Die warme Luft enthält Wasserteilchen, die durch die Verdunstung des Wassers auf der Erde entstanden sind. Dieser Wasserdampf verdichtet sich zu Wolken. Je höher die Luft steigt, umso mehr kühlt sie ab. Die Wolken werden immer schwerer und dichter. Irgendwann sind die Wolken so schwer, dass sie als Regentropfen, Schneeflocken oder Hagelkörner wieder auf die Erde prasseln. Der Weg des Wassers von der Erde in die Atmosphäre und zurück ist der Wasserkreislauf der Erde.

Die Sonne ist auch für die Temperaturen auf der Erde zuständig. Je senkrechter ihre Strahlen auf die Erde scheinen, desto heißer ist es in dieser Region. Über dem Äquator müssen die Sonnenstrahlen nur durch wenig Atmosphäre dringen. Die beiden Pole, Nord- und Südpol, werden schräg von den Sonnenstrahlen getroffen. Die Strahlung verliert auf ihrem langen Weg durch die Atmosphäre immer mehr Kraft. Die Antarktis, auf der sich der Südpol befindet, ist das kälteste Gebiet unserer Erde.

aus: www.kidsweb.de/schule/wetter/wetter_sachtext.html
Autorin: Claudia Buchczik, abgerufen am 11. 3. 2009

7 Nummeriere die Stichpunkte in der richtigen zeitlichen Reihenfolge des Textes.

- ☐ Wasserkreislauf
- ☐ Klima
- ☐ Temperatur
- ☐ Wind
- ☐ Wetter

8 Erkläre in einem Satz den Begriff „Klima“.

____

____

9 Kreuze die richtige Antwort an, die sich aus dem Text ergibt.

- ☐ Wasserdampf verdichtet sich zu Eis.
- ☐ Wasserdampf verdichtet sich zu Wolken.
- ☐ Wasserdampf verdichtet sich zu Flocken.

- ☐ Je höher die Luft steigt, umso mehr erhitzt sie sich.
- ☐ Je höher die Luft steigt, umso mehr erwärmt sie sich.
- ☐ Je höher die Luft steigt, umso mehr kühlt sie ab.

10 Schreibe die passende Frage zur vorgegebenen Antwort in eigenen Worten.

Frage: *Wie* ____

____ ?

Antwort: Die beiden Pole, Süd- und Nordpol, werden schräg von den Sonnenstrahlen getroffen.

11 Die fettgedruckten Wörter ersetzen Namenwörter (Nomen), die im Text vorkommen. Schreibe diese in die Zeile.

a **Sie** ist auch für die Temperaturen auf der Erde zuständig.

______________________ ist auch für die Temperaturen auf der Erde zuständig.

b Über **ihm** müssen die Sonnenstrahlen nur durch wenig Atmosphäre dringen.

Über ______________________ müssen die Sonnenstrahlen nur durch wenig Atmosphäre dringen.

c Den größten Anteil an Wetterveränderungen hat **sie**.

Den größten Anteil an Wetterveränderungen hat ______________________.

Diktat

12 Höre dir Diktat 2 „So ein Wetter“ auf CD an und schreibe es auf ein extra Blatt.

Aufgabe 3

Aufsatz

1 Ein seltsamer Streit

Schreibe zum Thema „Ein seltsamer Streit“ eine Fantasieerzählung.
Wähle als Erzählzeit die 1. Vergangenheit (Präteritum) und schreibe aus der Sicht eines Erzählers in der „Er-Form“.

Sprachbetrachtung

2 Vom Waldrand aus konnten Anna und Leon einige Bauernhöfe sehen. Sie brauchten nur dem Schotterweg zu folgen, der durch die Felder führte, um zum Anwesen von Annas Großvaters zu gelangen. Seit vielen Jahren wohnte er allein in dem kleinen Dorf, züchtete Brieftauben und baute uralte Gemüsesorten an.

Bestimme die unterstrichenen Satzglieder.

vom Waldrand aus ____________________

Anna und Leon ____________________

dem Schotterweg ____________________

seit vielen Jahren ____________________

er ____________________

züchtete ____________________

uralte Gemüsesorten ____________________

3 Die beiden Kinder aßen lieber saftige Schnitzel als Großvaters gesundes Steinzeitgemüse. Das ärgerte ihn ein bisschen.

Bestimme die Wortarten der unterstrichenen Wörter.

die ____________________

aßen ____________________

saftige ____________________

Schnitzel ____________________

gesundes ____________________

ärgerte ____________________

ihn ____________________

4 Nicht alle Kinder mögen Fleisch. Manchen schmeckt Fisch besser. Aber wer sieht schon gern Blattspinat auf seinem Teller?

Setze die unterstrichenen Tunwörter (Verben) in die 1. Vergangenheit (Präteritum) und in die Zukunft (Futur).

Gegenwart (Präsens)	1. Vergangenheit (Präteritum)	Zukunft (Futur)
nicht alle mögen		
manchen schmeckt		
Wer sieht gern?		

5 Leon und Anna hörten den Großvater im Geräteschuppen laut arbeiten, wo er auf dem Amboss sorgsam eine verbogene Eisenstange geradeklopfte.

Finde zu den unterstrichenen Wörtern jeweils zwei Wörter mit ähnlicher Bedeutung.

sorgsam ______ ______

klopfen ______ ______

6 Mit seinem alten, kaputten Strohhut auf dem Kopf schaute Großvater sehr lustig aus. „Hallo", begrüßte er die beiden Kinder, „war es euch im Wald zu langweilig?"

a Suche zu jedem unterstrichenen Wort eines, das das Gegenteil bedeutet.

kaputt ______

begrüßen ______

langweilig ______

b Bilde zu den folgenden Wörtern die Mehrzahl (Plural).

der Großvater ____________________

die Eisenstange ____________________

der Strohhut ____________________

der Kopf ____________________

der Wald ____________________

c Setze die jeweils fehlenden Wörter aus der gleichen Wortfamilie ein.

Tunwort (Verb)	**Wiewort (Adjektiv)**	**Namenwort (Nomen)**
		das Alter
	langweilig	
hören		
		der Ärger

7 Nach der Arbeit begleitete der Großvater Anna und Leon in den Wald.

Wandle den Aussagesatz in einen Fragesatz und in einen Aufforderungssatz um.

Fragesatz:

____

____

Aufforderungssatz:

____

____

8 Hänge an folgende Namenwörter (Nomen) die Nachsilben „-chen“ oder „-lein“ an und schreibe sie mit dem richtigen Begleiter (Artikel) auf.

der Bach ____________________

der Wald ____________________

das Haus ____________________

der Großvater ____________________

der Zwerg ____________________

der Kopf ____________________

das Kleid ____________________

Leseverstehen

Der Mensch ist, was er isst!

„Der Mensch ist, was er isst.“ Diesen Satz hast du bestimmt auch schon mal gehört. Viele fühlen sich aber in ihrer Haut nicht wohl. Sie denken, sie seien zu dick oder zu dünn. Wenn die Gedanken nur noch um das Essen kreisen, kann sich daraus eine schwere Essstörung entwickeln.

Manche essen fast gar nichts mehr, andere erbrechen sich nach den Mahlzeiten, wiederum andere essen übermäßig viel: Magersucht, Brechsucht oder Esssucht. Das sind Krankheiten, die lebensbedrohlich werden können.

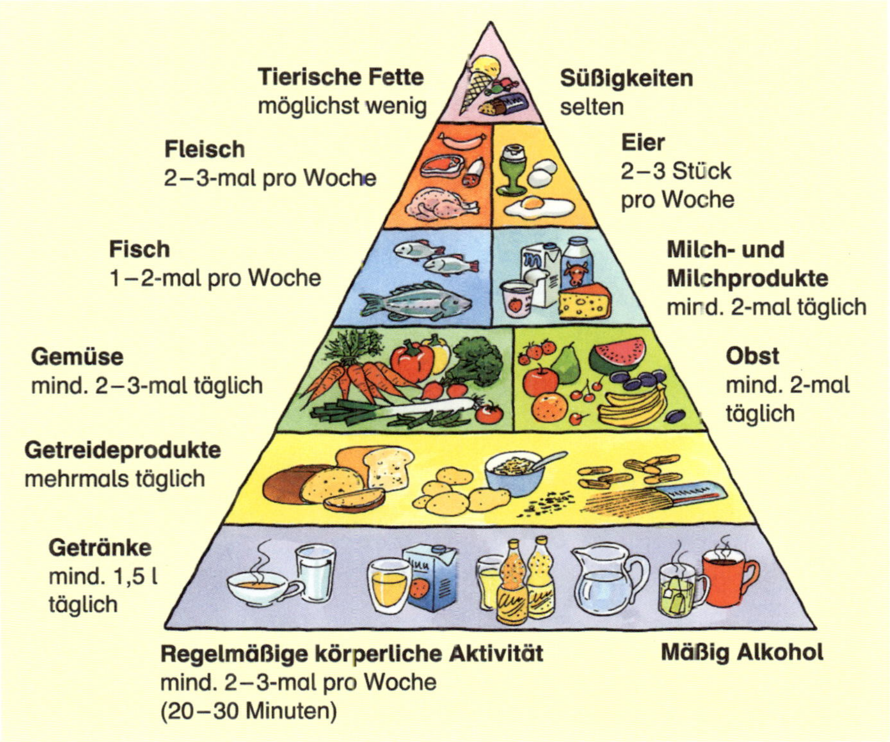

Besser als jede Diät ist aber, die Ernährung langsam und dauerhaft umzustellen. Ernähren wir uns falsch oder einseitig, können wir krank werden und Mangelerscheinungen bekommen. Viele leiden aber auch unter Übergewicht: Sie essen die falschen Nahrungsmittel und bewegen sich zu wenig.

Übergewicht muss nicht immer etwas mit übermäßigem Essen zu tun haben. Es gibt auch dicke Menschen, die sich gesund ernähren. Bei ihnen spricht man von genetischer Veranlagung.

Eine richtige Ernährung soll ausgewogen und abwechslungsreich sein, ohne Verbote und strenge Vorschriften. Wer nämlich mit Spaß und Lust isst, immer dann wenn der Hunger kommt, merkt, wann er satt ist und hört rechtzeitig auf zu essen!

aus: www.kindernetz.de/infonetz/thema/ernaehrung/-/id=29360/nid=29360/did=29356/16gj3sk/index.html
Autorin: Sandra Goller, abgerufen am 11. 3. 2009

9 Beanworte folgende Fragen in einem oder zwei Sätzen.

a Wie kann jemand eine Essstörung bekommen?

____

____

b Erkläre den Begriff „genetische Veranlagung“.

____

____

10 Kreuze drei lebensbedrohliche Krankheiten, die im Text genannt werden, an.

- [ ] Masern
- [ ] Brechsucht
- [ ] Röteln
- [ ] Magersucht
- [ ] Esssucht
- [ ] Blinddarmentzündung

11 Welche Aussage stimmt dem Text zufolge? Kreuze an.

- [ ] Übergewicht hat immer etwas mit übermäßigem Essen zu tun haben.
- [ ] Übermäßiges Essen ist stets der Grund für Übergewicht.
- [ ] Übergewicht muss nicht immer etwas mit übermäßigem Essen zu tun haben.

12 Folgende Sätze wurden im Text versehentlich vergessen.
In welchen der fünf Absätze passen sie am besten? Trage die Nummern richtig ein.

Dieser Satz passt zu …	Absatz
Bei genetischer Veranlagung ist eine Gewichtsverringerung schwierig.	
Wenn jemand zu wenig isst, kann er ebenso krank werden.	
Evi sagt: „Ich denke nur noch an Essen!“	
Unregelmäßiges Essen kann für den Menschen gefährlich werden.	

13 Kreuze die richtigen vier Aussagen an.

Eine richtige Ernährung muss …

- [ ] unregelmäßig
- [ ] einseitig
- [ ] ausgewogen
- [ ] ohne Verbote
- [ ] lebensbedrohlich
- [ ] ohne strenge Vorschriften
- [ ] eintönig
- [ ] schmackhaft
- [ ] abwechslungsreich

sein.

Diktat

14 Höre dir Diktat 3 „Die List der Mutter“ auf CD an und schreibe es auf ein extra Blatt.

Aufgabe 4

Aufsatz

1 Stadtpark – Raumschiff – Außerirdische

Verfasse zu den vorgegebenen Reizwörtern eine passende Geschichte. Suche dazu eine geeignete Überschrift. Erzähle in der 1. Vergangenheit (Präteritum).

Sprachbetrachtung

2 Die Mutter stellt einen süßen Pudding auf den runden Tisch.

Bestimme die Wortarten der unterstrichenen Wörter.

die ______________________

Mutter ______________________

stellt ______________________

süßen ______________________

Pudding ______________________

runden ______________________

3 Leon geht mit seinem Freund auf den Berg.

Bestimme, in welchem Fall die unterstrichenen Wörter stehen.

Leon ______________________

Freund ______________________

Berg ______________________

4 Nach dem Essen legt Anna das Buch auf den Tisch.

Bestimme Satzgegenstand (Subjekt), Satzaussage (Prädikat), Satzergänzung (Objekt), Ortsangabe und Zeitangabe.

Satzgegenstand ______________________

Satzaussage ______________________

Satzergänzung ______________________

Ortsangabe ______________________

Zeitangabe ______________________

5 Schreibe die Sätze in der geforderten Vergangenheitsform auf.

Das Auto steht vor der Tür. (1. Vergangenheit/Präteritum)

____

Vater sitzt auf der Bank. (2. Vergangenheit/Perfekt)

____

Christina hat Glück. (1. und 2. Vergangenheit/Präteritum und Perfekt)

____

____

6 Bilde die Mehrzahl (Plural) und setze den entsprechenden Begleiter (Artikel) davor.

Fass ______________________________

Herz ______________________________

Kamm ______________________________

Koffer ______________________________

7 Als oder wie?

Setze bei den Steigerungsformen das richtige Wort ein.

a Christina ist größer ______________ Thomas.

b Susanne schreit so laut ______________ Frank.

c Thomas ist älter ______________ Johanna.

8 Streiche das unpassende Wort heraus und finde für den Rest der Namenwörter (Nomen) einen Sammelnamen (Oberbegriff).

Fahrrad – Schwimmreifen – Auto – Traktor

____

Kirche – Turm – Rathaus – Uhr – Scheune

____

Milch – Wasser – Tee – Eis

____

9 Bilde aus den Tunwörtern (Verben) Namenwörter (Nomen) und setze den richtigen Begleiter (Artikel) dazu.
(Beispiel: fürchten – die Furcht)

springen ______________________________

trennen ______________________________

reißen ______________________________

10 Vervollständige den Lückentext.

Leon führt d______ Freund ins Kinderzimmer.

Er zeigt i______ seine______ Spielsachen und d______ neue Lexikon.

Beim Abschied leiht er ihm ein______ sein______ Jugendbücher.

11 Finde zu den folgenden Oberbegriffen jeweils mindestens drei passende Unterbegriffe.

Sportgeräte ______________________________

Möbel ______________________________

Schreibwaren ______________________________

Spielsachen ______________________________

Gefühle ______________________________

Aufsatzarten ______________________________

12 Nach dem Spielen liegen viele Sachen auf dem Boden des Kinderzimmers: vier Bälle, einige Bonbons, viele Hefte, drei Stifte, unzählige Plätzchenkrümel, ein Paar Schuhe, ein Tennisschläger, etliche CDs, sechs Kassetten, mehrere Blätter …

Ordne die bestimmten und die unbestimmten Zahlwörter in die Tabelle ein.

bestimmte Zahlwörter	unbestimmte Zahlwörter

Leseverstehen

Kontaktaufnahme aus dem All?

Ein seltsames Objekt am Himmel, das direkt auf die Erde zusteuert, landet … und heraus spazieren kleine, fremde Wesen. Solche Geschichten werden in vielen Büchern und Filmen erzählt. Mal sind die Außerirdischen freundlich, mal böse – aber sie reisen immer auf dieselbe Art durch das All: in einem UFO.

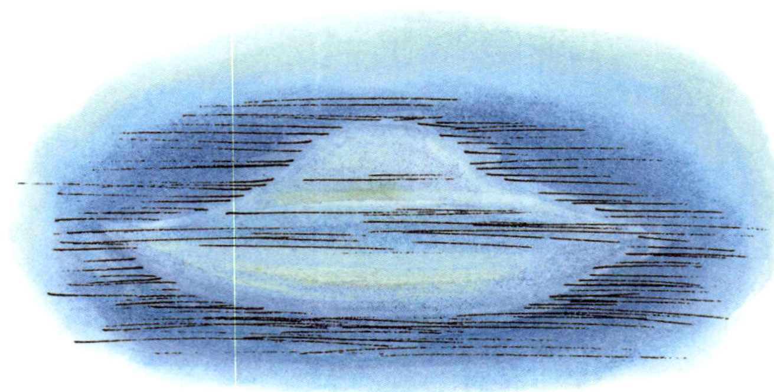

Was ist dran an solchen Geschichten?
Diese Frage versuchen ForscherInnen seit mehr als 60 Jahren zu beantworten.

Damals, im Juni 1947, entdeckte der amerikanische Pilot Kenneth Arnold leuchtende Scheiben am Himmel. Der Begriff „Fliegende Untertasse" war geboren.

Seit damals wurden Tausende von UFOs auf der ganzen Welt gesichtet, fotografiert oder sogar gefilmt. Es gibt eine Wissenschaft namens Ufologie und eine Art Hotline, bei der UFO-Sichtungen gemeldet werden können.

Gibt es also tatsächlich UFOs? Ja, denn die Abkürzung steht für „Unidentifiziertes Fliegendes Objekt". Solange also niemand weiß, was am Himmel gesehen wurde, bleibt dieses Objekt unidentifiziert – und somit ein UFO.

Die meisten dieser Fälle werden aber schnell aufgeklärt. Die Flugobjekte entpuppen sich als Sternschnuppen, Lichtreflexe, Scheinwerfer von Diskotheken – manchmal sogar als seltsam geformte Wolken.

Von Raumschiffen aus dem All oder kleinen grünen Männchen keine Spur. Niemand konnte bisher beweisen, dass außerirdisches Leben überhaupt existiert.

Auch die riesigen Radioteleskope, mit denen Wissenschaftler seit einigen Jahren den Weltraum abhören, haben bislang kein intelligentes Leben aufgespürt. Doch wer weiß, welche Überraschungen das Weltall noch für uns bereithält ;-).

aus: http://www.kindernetz.de/infonetz/gewusst/-/id=16024/nid=16024/did=113244/8cf6x1/index.html, Autorin: Sandra Goller, abgerufen am 11. 3. 2009

13 Ordne die Stichpunkte aus der Geschichte in der richtigen Reihenfolge.

- ☐ kein intelligentes Leben
- ☐ Ufologie
- ☐ Außerirdische sind freundlich
- ☐ fliegende Untertassen
- ☐ Flugobjekte entpuppen sich

14 Kreuze an, ob die Aussagen im Text richtig, falsch oder nicht enthalten sind.

	richtig	falsch	nicht enthalten
Ufos wurden 1974 entdeckt.	☐	☐	☐
Ufos wurden 1974 vom Amerikaner Kenneth Arnold entdeckt.	☐	☐	☐
München ist die Hauptstadt von Bayern.	☐	☐	☐
Ufos wurden 1947 vom Amerikaner Kenneth Arnold entdeckt.	☐	☐	☐

15 Antworte in einem Satz auf die Frage:
Wozu benutzen Wissenschaftler Radioteleskope?

____

____

____

16 Kreuze die richtigen Antworten an.

Im Text wird gesagt, dass sich Flugobjekte entpuppen als …

- ☐ Lichtreflexe.
- ☐ Scheinwerfer von Diskotheken.
- ☐ seltsam geformte Wolken.
- ☐ Scheinwerfer von Autos.
- ☐ Scheinwerfer von Flugzeugen.
- ☐ Sternschnuppe.

Diktat

17 Höre dir Diktat 4 „Das geheimnisvolle Licht“ auf CD an und schreibe es auf ein extra Blatt.

Aufgabe 5

Aufsatz

1 **Ein unheimlicher Urlaub**

Schreibe dazu eine Fantasieerzählung. Du darfst dir deine eigene Geschichte überlegen und sie niederschreiben.

Sprachbetrachtung

2 Eines Abends sitzt der Schäfer vor der Tür und raucht seine Pfeife, als es hinter dem Brennholz raschelt. Schnaubend kommt die Igelin angetrippelt und der Mutter folgen die fünf Kleinen.

Bestimme die unterstrichenen Satzglieder.

eines Abends ______________________

der Schäfer ______________________

raucht ______________________

seine Pfeife ______________________

hinter dem Brennholz ______________________

der Mutter ______________________

die fünf Kleinen ______________________

3 Der Schäfer ist ein ernster Mann und lacht selten. Heute aber muss er doch lachen; denn es sieht zu putzig aus, wie die kleinen Dinger hinter der Alten hertrotten.

Bestimme die Wortarten der unterstrichenen Wörter.

der ______________________

ein ______________________

ernster ______________________

er ______________________

putzig ______________________

Dinger ______________________

hertrotten ______________________

4 Der Schäfer legt den Hund an die Kette, damit die Igelfamilie nicht gestört wird.

Wandle den unterstrichenen Satz in einen Frage- und in einen Aufforderungssatz um.

Frage: ______________________

Aufforderung: ______________________

5 Es ist für den Schäfer und seine Frau ein Vergnügen, die Igelfamilie zu beobachten.

Finde zu den unterstrichenen Wörtern jeweils zwei Wörter mit ähnlicher Bedeutung.

Vergnügen ____________ ____________

beobachten ____________ ____________

6 Überall kratzen und scharren sie oder rennen hastig herbei, wenn die Mutter einen Wurm herangeschafft hat und ihn sich von den Kleinen wegnehmen lässt.

Setze die unterstrichenen Tunwörter (Verben) in die 1. Vergangenheit (Präteritum) und in die Zukunft (Futur).

Gegenwart (Präsens)	1. Vergangenheit (Präteritum)	Zukunft (Futur)
sie kratzen		
ihr rennt		
sie lässt		

7 Setze die in Klammern angegebenen Wiewörter (Adjektive) in die geforderte Vergleichsstufe. (In einigen Fällen musst du noch kleine Wörter hinzufügen.)

Vater Igel ist ______________________ seine Frau. (**groß** in der Grundstufe/Positiv)

Die Jungen laufen ______________________ er schauen kann. (**schnell** in der Höherstufe/Komparativ)

Der kleine Igel ist ______________________ (**hungrig** in der Höchststufe/Superlativ),

doch sein Bruder ist ______________________ er (**gefräßig** in der Höherstufe/Komparativ) und vertilgt die angebotenen Speisen.

8 Auch allerlei Essbares legt der Mann den Igeln hin. Butterbrote verschmähen sie, nicht dagegen frisches Fleisch und kleine Fische. Immer sind sie hungrig.

a Bilde zu jedem unterstrichenen Wort das Gegenteil.

verschmähen ______________________

frisch ______________________

hungrig ______________________

b Bilde zu folgenden Wörtern die Mehrzahl (Plural).

der Schäfer ______________________

die Tür ______________________

der Igel ______________________

der Wurm ______________________

das Butterbrot ______________________

c Bilde zu folgenden Tunwörtern (Verben) jeweils ein zugehöriges Namenwort (Nomen) und setze den entsprechenden Begleiter (Artikel) dazu.

sitzen ________________________________

lachen ________________________________

brennen ________________________________

legen ________________________________

Leseverstehen

Der Igel

Droht Gefahr, rollen sich Igel ganz schnell zu einer kleinen stacheligen Kugel zusammen. Bis zu 8 000 Stacheln stehen dann kreuz und quer vom Körper ab. Bei ihren natürlichen Feinden wie Füchsen oder Greifvögeln funktioniert dieser Abwehrmechanismus. Gegen Maschinen, Gifte und vor allem Autos sind die Tiere aber wehrlos.
Jedes Jahr werden allein in Deutschland rund 500 000 Igel überfahren. Um dafür zu sorgen, dass die kleinen Insektenfresser besser geschützt werden, wählte die Schutzgemeinschaft Deutsches Wild den Igel zum Wildtier des Jahres 2009.

Im Herbst sind besonders viele Igel unterwegs. Es ist höchste Zeit, sich den Winterspeck zuzulegen. Dann kommen sie in Gärten und Parks und stöbern nach Nahrung. Manchmal ist sogar lautes Schmatzen aus den Büschen zu hören. Dort sitzen die Igel am liebsten und fressen Schnecken, Würmer und Insekten. Ab November verziehen sie sich in ihre Löcher und Höhlen, um Winterschlaf zu halten. Zu einer kleinen Kugel zusammengerollt schlafen sie fünf bis sechs Monate und dürfen dabei auf keinen Fall gestört werden.

Igel sehen zwar niedlich aus und können auch richtig zutraulich werden, sie sind aber Wildtiere. Deswegen dürfen sie nicht aus ihrer natürlichen Umgebung entfernt und mit nach Hause genommen werden. Verletzte oder schwache Tiere sollten zum Tierarzt oder in eine Igelstation gebracht werden. Dort gibt es genaue Pläne, wie die Tiere am besten gepflegt werden. Sobald die Igel wieder gesund sind, müssen sie freigelassen werden.

aus: http://www.kindernetz.de/infonetz/thema/natur/igel/-/id=86822/nid=86822/did=124886/16cir0n/index.html, Autorin: Cornelia Stenull

9 Ordne die Bilder den einzelnen Absätzen zu. Kreuze an.

Absatz ☐ 1 ☐ 2 ☐ 3

Absatz ☐ 1 ☐ 2 ☐ 3

Absatz ☐ 1 ☐ 2 ☐ 3

10 Nummeriere die Stichpunkte in der richtigen zeitlichen Abfolge im Text.

☐ um Winterschlaf zu halten
☐ wieder gesund sind
☐ kleine Insektenfresser
☐ vor allem Autos

11 Vervollständige die Sätze, indem du jeweils ein Kreuz setzt.

Igel sehen zwar recht niedlich aus, …
☐ sie sind aber Winterschläfer.
☐ sie sind aber Haustiere.
☐ sie sind aber Wildtiere.

Um Winterschlaf zu halten, …
☐ nisten sich Igel ein.
☐ verstecken sie sich im Keller.
☐ verziehen sie sich in ihre Löcher und Höhlen.

Igel sitzen am liebsten in Büschen und …
☐ fressen Schnecken, Würmer und Spinnen.
☐ fressen Bienen, Würmer und Insekten.
☐ fressen Würmer, Insekten und Schnecken.

12 Schreibe selbstständig eine passende Frage zur angegebenen Antwort.

Frage: ______________________________

______________________________?

Antwort: Dort gibt es genaue Pläne, wie die Tiere am besten gepflegt werden.

13 Schreibe zu jedem Abschnitt eine passende Überschrift.

Abschnitt 1 ______________________________

Abschnitt 2 ______________________________

Abschnitt 3 ______________________________

Diktat

14 Höre dir Diktat 5 „Die gestohlenen Edelsteine“ auf CD an und schreibe es auf ein extra Blatt.

Aufgabe 6

Aufsatz

1 Schreibe eine Erlebniserzählung zu dem Thema „Ein aufregendes Wochenende“.
Die Erzählform (Ich- oder Er-Form) darfst du selber auswählen.
Benutze als Erzählzeit die 1. Vergangenheit (Präteritum).

Sprachbetrachtung

2 Bestimme die unterstrichenen Satzglieder.

<u>Alle elektrischen Geräte</u> <u>haben</u> <u>wir</u> natürlich <u>zu Hause</u> <u>gelassen</u>.

alle elektrischen Geräte ____________________

haben gelassen ____________________

wir ____________________

zu Hause ____________________

3 Bestimme die unterstrichenen Satzglieder.

<u>Meine Mutter</u> <u>hat gesagt</u>, wir sollen <u>Wasser</u> in <u>Leons</u> Rucksack mitnehmen.

Meine Mutter ____________________

hat gesagt ____________________

Wasser ____________________

Leons ____________________

4 Bestimme bei den unterstrichenen Wörtern den jeweils geforderten Begriff.

Auf <u>einer</u> einsamen Insel <u>warten</u> auf <u>Abenteurer</u> <u>keine</u> Steckdosen!

einer	**Wortart**	
warten	**Wortart**	
warten	**Zeitstufe**	
Abenteurer	**Wortart**	
Abenteurer	**Zahl**	
Abenteurer	**Fall**	
keine	**Wortart**	

5 Setze den Satz in die Zukunft (Futur).

Wir haben uns auf alles vorbereitet.

6 Setze den Satz in die 1. Vergangenheit (Präteritum).

Anna sieht die wunderschöne Insel.

7 Leon und Anna bauen sich eine Hütte aus alten Brettern.

a Finde vier weitere Wörter aus der Wortfamilie „bauen“.

b Erweitere die Wortreihe um ein Wort.
Höhle – Zelt – Hütte – Eigenheim – Villa –

c Was müssen die Leon und Anna tun, bevor sie ihre Hütte „bauen“ und „beziehen“ können? Setze das fehlende Tunwort (Verb) ein.

eine Hütte ____________
eine Hütte bauen
eine Hütte beziehen

8 Ballon – Hubschrauber – Rakete – Flugplatz – Segelflugzeug

Streiche das Wort durch, das nicht passt.
Suche für die übrigen Wörter einen Sammelnamen (Oberbegriff).

____

9 Die Ankömmlinge übergaben den Inselbewohnern wertvolle Geschenke. Sie bedachten aber nicht, dass sich diese Geschenke nicht recht für deren Gebrauch eigneten.

Unterstreiche die Tunwörter (Verben), die in der Vergangenheit stehen, und schreibe sie in der Grundform (Infinitiv) heraus.

____

____

Leseverstehen

Ein Leben auf dem Meer

Eigentlich wohnt Familie Fox in dem dänischen Städtchen Gravenstein nahe der deutschen Grenze. Schon seit einigen Jahren träumte der Vater davon, eines Tages um die Welt zu segeln, und so begann er irgendwann, ein eigenes Schiff zu bauen. Im Juli 2007 war es schließlich so weit: Der sonnenblumengelbe Katamaran „Hermann Heinrich" lag startklar im kleinen Hafen seiner Heimatstadt. Die Segel wurden gesetzt und Freunde in einem großen Fest verabschiedet. Das war für die beiden Brüder besonders schwer. Vor allem Felix, der ältere der beiden, war sich sehr unsicher, ob er mitfahren und all seine Freunde zurücklassen sollte.

Doch schließlich siegte die Neugier. Neugier auf das Unbekannte, auf ein Leben auf dem Meer, abhängig von Wind und Wetter. Inzwischen antwortet Felix, wenn seine Eltern ihn fragen, ob er gern noch ein weiteres Jahr unterwegs wäre: „Na klar!" Auch wenn er auf die Frage, was er am meisten vermisst, immer noch seine Freunde nennt, während Marvin seine E-Gitarre vermisst. Aber ganz so einsam, wie man sich das Seemannsleben vorstellt, ist es dann doch nicht: „Wir sind ja nicht die einzigen Kinder, die mit ihren Eltern unterwegs sind", erzählen die Jungs. Außerdem gibt es auf dem Meer so viel zu entdecken und zu erleben, dass gar nicht viel Zeit zum Grübeln oder für Heimweh bleibt. Beide Jungs haben ein oder zwei Erlebnisse, an die sie sich besonders gern erinnern. Marvins bisher schönste Zeit auf dem Katamaran waren Weihnachten, Silvester und ein Treffen mit den Großeltern. Felix hat es besonders beeindruckt, als die Familie einmal nachts bei Meeresleuchten Delfine beobachten konnte: „Durch das Meeresleuchten ziehen sie Lichtstreifen durch das Wasser, und das sieht richtig elegant aus."

Natürlich ist das Leben auf der „Hermann Heinrich" nicht immer nur aufregend, denn auch auf einem Boot gibt es einen Alltag.
Morgens haben die Jungs von 9 Uhr bis 12.30 Uhr Unterricht – ihre Lehrer sind die Eltern. Sie unterrichten Marvin und Felix in Deutsch, Englisch, Mathe und Naturwissenschaften; es gibt sogar Tests und Hausaufgaben. Sowohl Schüler als auch Lehrer sind zufrieden: „Meine Eltern sind als Lehrer aushaltbar und ich habe mit ihnen nur selten Zoff wegen der Schule", sagt Felix. Auch Marvin findet, seine Eltern sind gute Lehrer, und die sind stolz auf die Fortschritte ihrer Söhne. Nach einer gemeinsamen Mittagspause gehen die Eltern von Marvin und Felix arbeiten: Sie drehen Filme, schreiben Berichte, aktualisieren ihre Homepage. Nachmittags wird gemeinsam das Deck geschrubbt, damit die acht Füße den Dreck abends nicht mit in die Kojen nehmen.

Die ständige Nähe auf dem Schiff hat die Familie zusammengeschweißt. Die Brüder haben gelernt, sich nicht mehr wegen Kleinigkeiten zu streiten und stattdessen Kompromisse einzugehen. „Nur wenn uns langweilig ist, kriegen wir manchmal Streit", erzählt Marvin. Doch Langeweile haben die Jungs selten. Wenn die Sonne scheint, schwimmen und sonnen sie sich; bei schlechtem Wetter lesen sie oder spielen Brett- und Computerspiele. Nur wenn Felix seekrank ist, muss er auf all das verzichten und sich hinlegen. Besonders schlimm ist es, wenn bei schwerem Wetter die Luken dicht gemacht werden müssen, denn dann wird es stickig unter Deck. Aber als erfahrener Seemann kennt Felix einen Trick: „Ist man anfällig, sollte man schon drei Tage vor dem Segeln (oder vor starkem Seegang) Salami, Tomaten, Spinat, Schokolade und Hartkäse vermeiden und viel Vitamin C zu sich nehmen."

Familie Fox sind besonders die schlimmen Stürme und die hohen Wellen in den Gewässern des Ärmelkanals vor der französischen Küste in Erinnerung geblieben. Etwas ruhiger geht es rund um die Kapverden zu, einer Inselgruppe vor der Westküste Afrikas. Nur gut, denn das ist nächste Ziel der Familie Fox. Wie die Jungs sich mit all den fremden Menschen verständigen? Zuerst versuchen sie es mit Englisch. So kriegen die Jungs wie nebenbei ganz praktischen Englischunterricht. Aber wenn der Gesprächspartner kein Englisch spricht, geht es auch immer irgendwie mit Händen und Füßen, erzählt Felix lachend.

aus: http://www.geo.de/GEOlino/mensch/58068.html?q=fox,
Text: Dörte Epperlin, Fotos: Marvin und Felix Fox, abgerufen am 11. 3. 2009

10 Jede der folgenden Überschriften passt zu einem Absatz. Setze die Nummer ein.

Alltag auf dem Meer — Absatz: ____________

Die schönsten Erlebnisse auf dem Meer — Absatz: ____________

Abschied von der Heimat — Absatz: ____________

Die Reise geht weiter — Absatz: ____________

Das Meer schweißt zusammen — Absatz: ____________

11 Beantworte folgende Fragen je in einem Satz.

Was vermisst jeder der beiden Söhne (Marvin und Felix) am meisten?

____

____

Wo lebte Familie Fox vor der Weltumseglung?

____

____

Welchen Trick kennt Felix, damit er nicht seekrank wird?

____

____

Welchen Alltag gibt es für die beiden Jungs auf dem Boot?

____

____

Warum haben die Jungs keine Langeweile?

____

____

12 Welche Aussage stimmt dem Text zufolge? Kreuze an.

- ☐ Die Familie konnte am Morgen beim Wetterleuchten Delfine beobachten.
- ☐ Die Familie konnte nachts beim Meeresleuchten Delfine beobachten.
- ☐ Die Familie konnte am Tag bei Sonnenschein Delfine beobachten.

13 Kreuze an, ob die Aussagen dem Text zufolge richtig, falsch oder nicht enthalten sind.

	richtig	falsch	nicht enthalten
Familie Fox ist mit einem Schnellboot unterwegs.	☐	☐	☐
Erlebnisse vor der japanischen Küste blieben den Passagieren in Erinnerung.	☐	☐	☐
Die Großeltern der beiden Mädchen machten einen Besuch auf dem Traumschiff.	☐	☐	☐
Der Katamaran heißt „Hermann Heinrich".	☐	☐	☐
Die Eltern von Marvin und Felix unterrichten ihre Kinder nicht in Latein.	☐	☐	☐
Wale und Pinguine schwimmen beständig um das herrliche Segelschiff herum.	☐	☐	☐

14 Die fettgedruckten Wörter ersetzen Namenwörter (Nomen), die im Text vorkommen. Schreibe diese in die Zeile.

a Das war für **sie** besonders schwer.

Das war für ______________________________ besonders schwer.

b Aber ganz so einsam, wie man sich **es** vorstellt, ist es dann doch nicht.

Aber ganz so einsam, wie man sich ______________________________ vorstellt, ist es dann doch nicht.

c Nachmittags wird gemeinsam das Deck geschrubbt, damit **sie** den Dreck abends nicht mit in die Kojen nehmen.

Nachmittags wird gemeinsam das Deck geschrubbt, damit ______________________________ den Dreck abends nicht mit in die Kojen nehmen.

Diktat

15 Höre dir Diktat 6 „Im Ballon ins Kinderland" auf CD an und schreibe es auf ein extra Blatt.